¡Conocimiento a tope!

Ingeniería en mi comunidad

Robin Johnson

¡Conocimiento a tope!

Ingeniería en todas partes

Ingeniería en mi comunidad

Robin Johnson

Traducción de Pablo de la Vega

CRABTREE
PUBLISHING COMPANY
WWW.CRABTREEBOOKS.COM

Objetivos específicos de aprendizaje:

Los lectores:

- Identificarán algunas de las formas en las que los ingenieros hacen más fácil, segura y divertida la vida de una comunidad.

- Harán conexiones entre el texto y ellos mismos al identificar algunas soluciones en su propia comunidad.
- Harán preguntas sobre las ideas principales del texto y las responderán.

Palabras de uso frecuente (primer grado) en, es, juega/juegos, la, un, usa(n), y	Vocabulario académico creativo, diseño, escaleras eléctricas, extinguidor, herramientas, rampa, solucionar, soluciones, viajar

Estímulos antes, durante y después de la lectura:

Activa los conocimientos previos y haz predicciones:

Pide a los niños que lean el título y miren las imágenes de la tapa y la portada. Haz una tabla SQA y llena las secciones «Sé» y «Quiero saber». Pregunta:

- ¿Qué es un ingeniero? ¿Qué hacen los ingenieros?
- ¿Qué saben ya sobre la ingeniería presente en nuestra comunidad?
- ¿Qué quieren saber sobre la ingeniería en nuestra comunidad?

Durante la lectura:

Después de leer las páginas 4 y 5, pregunta a los niños:

- ¿Cuáles son las ideas principales de esta página? ¿Ayudan a responder cualquiera de las preguntas de la tabla?

- ¿Pueden explicar qué es un ingeniero en sus propias palabras?
- ¿Qué hacen los ingenieros? ¿Qué diseñan? (Hazles notar que los ingenieros diseñan soluciones que hacen la vida más fácil, segura y divertida).

Repite este proceso después de leer las páginas 6 y 7, para hacer conexiones con preguntas sobre las comunidades.

Después de la lectura:

Llena la sección «Aprendido» de la tabla SQA. Anima a los niños a compartir lo que aprendieron después de leer. Deberían responder las preguntas o complementar las ideas de la sección «Quiero saber». Crea un cartel didáctico con conceptos fundamentales y definiciones hechas por los niños.

Author: Robin Johnson
Series development: Reagan Miller
Editor: Janine Deschenes
Proofreader: Melissa Boyce
STEAM notes for educators: Janine Deschenes
Guided reading leveling: Publishing Solutions Group
Cover and interior design: Samara Parent
Translation to Spanish: Pablo de la Vega

Edition in Spanish: Base Tres
Photo research: Robin Johnson and Samara Parent
Photographs:
iStock: recep-bg: p. 7 (bottom); fishwork: p. 11 (left)
All other photographs by Shutterstock
Print coordinator: Katherine Berti
Printed in the U.S.A./102020/CG20200914

Library and Archives Canada Cataloguing in Publication

Title: Ingeniería en mi comunidad / Robin Johnson ;
   traducción de Pablo de la Vega.
Other titles: Engineering in my community. Spanish
Names: Johnson, Robin (Robin R.), author. | Vega, Pablo de la, translator.
Description: Series statement: ¡Conocimiento a tope! Ingeniería en todas
   partes | Translation of: Engineering in my community. |
   Includes index. | Text in Spanish.
Identifiers: Canadiana (print) 20200297899 |
   Canadiana (ebook) 20200297902 |
   ISBN 9780778783404 (hardcover) |
   ISBN 9780778783619 (softcover) | ISBN 9781427126368 (HTML)
Subjects: LCSH: Civil engineering—Juvenile literature. |
   LCSH: Municipal engineering—Juvenile literature. |
   LCSH: Cities and towns—Juvenile literature.
Classification: LCC TA149 .J6418 2021 | DDC j624—dc23

Library of Congress Cataloging-in-Publication Data

Names: Johnson, Robin (Robin R.), author. | Vega, Pablo de la, translator.
Title: Ingeniería en mi comunidad / traducción de Pablo de la Vega ;
   Robin Johnson.
Other titles: Engineering in my community. Spanish
Description: New York, NY : Crabtree Publishing Company, [2021] |
   Series: ¡Conocimiento a tope! Ingeniería en todas partes |
   Includes index.
Identifiers: LCCN 2020033480 (print) |
   LCCN 2020033481 (ebook) |
   ISBN 9780778783404 (hardcover) |
   ISBN 9780778783619 (paperback) |
   ISBN 9781427126368 (ebook)
Subjects: LCSH: Engineering--Juvenile literature. | Engineers--
   Juvenile literature.
Classification: LCC TA149 .J6418 2021 (print) | LCC TA149 (ebook) |
   DDC 620--dc23

Índice

Crabtree Publishing Company
www.crabtreebooks.com   1-800-387-7650

Published in Canada
Crabtree Publishing
616 Welland Ave.
St. Catharines, Ontario
L2M 5V6

Published in the United States
Crabtree Publishing
347 Fifth Ave
Suite 1402-145
New York, NY 10016

Published in the United Kingdom
Crabtree Publishing
Maritime House
Basin Road North, Hove
BN41 1WR

Published in Australia
Crabtree Publishing
Unit 3 – 5 Currumbin Court
Capalaba
QLD 4157

¿Qué es un ingeniero

Un ingeniero es una persona que usa las matemáticas, la ciencia y el **pensamiento creativo** para solucionar problemas. Los ingenieros **diseñan** soluciones que usamos todos los días.

extinguidor

Los ingenieros diseñan soluciones que hacen la vida más segura. Un extinguidor nos ayuda a apagar un incendio.

despertador

patines
en línea

Los ingenieros diseñan soluciones que hacen la vida más fácil. Un despertador nos ayuda a despertar a tiempo.

Los ingenieros diseñan soluciones que hacen la vida más divertida. Los patines en línea nos ayudan a divertirnos fuera de casa.

En tu comunidad

Los ingenieros resuelven problemas en sus comunidades. Una comunidad es un grupo de gente que vive, trabaja y juega en un mismo lugar. Tu escuela, casa y barrio son comunidades.

Los ingenieros diseñan cosas que solucionan problemas y cubren las **necesidades** de las comunidades.

Los ingenieros ayudan a los campesinos de tu comunidad a cultivar la comida que comes.

Los ingenieros ayudan a que el agua limpia llegue a tu comunidad para que puedas beberla.

Construyendo comunidades

En tu comunidad hay edificios grandes y pequeños. ¡Los ingenieros los diseñan! Se aseguran de que los edificios cubran las necesidades de la gente de la comunidad.

¡Algunos edificios llegan hasta el cielo! Fueron diseñados para ciudades con mucha gente. Ocupan menos espacio y pueden ser habitados por muchas personas.

Los ingenieros diseñan escuelas que dan a los estudiantes espacio para aprender.

rampa

Los ingenieros diseñan edificios con rampas. Las rampas permiten que las personas en sillas de ruedas entren a los edificios de forma segura.

Hogar, dulce hogar

Los ingenieros diseñan las casas de tu comunidad. También diseñan cosas que usas en tu casa y jardín todos los días.

Los ingenieros diseñan casas para resolver el problema de dónde vivirá la gente.

lavadora

pala

Los ingenieros diseñan
lavadoras que hacen
más fácil la limpieza
de nuestra ropa.

Los ingenieros
diseñan palas que
ayudan a la gente a
mover nieve pesada.

11

Herramientas escolares

Los ingenieros diseñan herramientas que te permiten aprender y jugar en la escuela de tu comunidad.

Un lápiz es una herramienta que usas en la escuela. ¡Un escritorio también es una herramienta escolar! ¿Qué otras herramientas ves en esta imagen?

lápiz

escritorio

Los ingenieros diseñan **computadores** que nos ayudan a trabajar.

Los ingenieros diseñan jardines de juegos que permiten a todos divertirse.

De un lugar a otro

Tú **viajas** dentro de tu comunidad. Algunas personas van al parque en bicicleta o a pie. Algunas personas toman el autobús o van en auto a la escuela. Los ingenieros diseñan cosas que te ayudan a viajar.

patinete

mochila

Los ingenieros diseñan patinetes que hacen más divertido el camino. Diseñan mochilas que hacen más fácil cargar y llevar cosas.

Los ingenieros diseñan autobuses escolares que hacen a los estudiantes más fácil viajar a la escuela.

Los ingenieros diseñan luces que indican cuándo es seguro cruzar la calle.

Viajes seguros

Los ingenieros diseñan maneras de hacer más seguros los viajes. Mira en tu comunidad. ¿Qué soluciones te mantienen seguro cuando viajas?

Los ingenieros diseñan puentes. Permiten que la gente y los autos crucen seguros sobre el agua.

valla de contención

casco

asiento infantil

Los ingenieros diseñan vallas de contención para hacer más seguros los caminos. Impiden que los autos se salgan del camino.

Los ingenieros diseñan asientos infantiles. Mantienen seguros a los niños cuando viajan en bicicleta. Los ingenieros también diseñan cascos que nos mantienen seguros.

Ayudantes comunitarios

Hay muchos ayudantes en tu comunidad. Los policías y bomberos nos ayudan a mantenernos seguros. Las doctoras y los enfermeros nos ayudan a estar sanos. Los ingenieros diseñan las **herramientas** que estos ayudantes comunitarios usan.

La policía usa herramientas para verificar qué tan rápido se mueven los autos. Se aseguran de que la gente maneje segura.

Los ingenieros diseñan
camiones de bomberos.
Diseñan mangueras y
otras herramientas que
ayudan a los bomberos
a apagar incendios.

Los doctores usan
herramientas
para revisar cosas
como los latidos
de tu corazón.

Ingeniería en todas partes

Mira alrededor de tu comunidad. ¡A donde vayas, verás soluciones hechas por ingenieros!

Los ingenieros diseñan maneras más fáciles de **separar** la basura. Ayudan a la gente a decidir qué **reciclar**.

Los ingenieros diseñan escaleras eléctricas. Facilitan a la gente ir de arriba abajo.

escalera eléctrica

Los ingenieros diseñan cómo hacer más fácil la compra de víveres. Diseñan carritos para cargar comida.

Palabras nuevas

computadores: sustantivo. Aparatos electrónicos que realizan trabajos.

diseñan: verbo. Hacen un plan para hacer o construir algo.

herramientas: sustantivo. Aparatos que nos ayudan a hacer trabajos.

necesidades: sustantivo. Cosas que la gente requiere para vivir, como el agua.

pensamiento creativo: sustantivo. Uso de la mente para inventar ideas nuevas y originales.

reciclar: verbo. Convertir cosas usadas en cosas diferentes.

separar: verbo. Colocar cosas similares en grupos.

viajas: verbo. Te mueves de un lugar a otro.

Un sustantivo es una persona, lugar o cosa.

Un verbo es una palabra que describe una acción que hace alguien o algo.

Un adjetivo es una palabra que te dice cómo es alguien o algo.

Índice analítico

Sobre la autora

Robin Johnson es una autora y editora independiente que ha escrito más de 80 libros para niños. Cuando no está trabajando, construye castillos en el aire junto a su marido, quien es ingeniero, y sus dos creaciones favoritas: sus hijos Jeremy y Drew.

Para explorar y aprender más, ingresa el código de abajo en el sitio de Crabtree Plus.

www.crabtreeplus.com/fullsteamahead

Tu código es: **fsa20**

(página en inglés)

Notas de STEAM para educadores

¡Conocimiento a tope! es una serie de alfabetización que ayuda a los lectores a desarrollar su vocabulario, fluidez y comprensión al tiempo que aprenden ideas importantes sobre las materias de STEAM. *Ingeniería en mi comunidad* permite a los lectores hacer preguntas sobre las ideas principales y responderlas al repetir con claridad conceptos clave y promover conexiones entre el texto y ellos mismos. La actividad STEAM de abajo ayuda a los lectores a expandir las ideas del libro para el desarrollo de habilidades artísticas y de ingeniería.

¡Necesitamos a la ingeniería!

Los niños lograrán:
- Explorar su comunidad para encontrar soluciones de ingeniería.
- Crear un cartel que muestre cómo necesitamos de la ingeniería en nuestras comunidades.

Materiales
- Hoja de trabajo «Explorando mi comunidad».
- Cartulina y herramientas como marcatextos, reglas, crayones, plantillas, etc.

Guía de estímulos
Después de leer *Ingeniería en mi comunidad*, pregunta:
- ¿Pueden pensar en maneras en las que los ingenieros nos hacen la vida más fácil, segura y divertida?
- Miren alrededor del aula. ¿Encuentran algo diseñado por un ingeniero? ¿Hace el aprendizaje más fácil, seguro o divertido?

Actividades de estímulo
Repasa la definición de «comunidad» de la página 6:
- Un grupo de gente que vive, trabaja y juega en un mismo lugar. Tu escuela, casa y barrio son comunidades.

Entrega a cada niño una hoja de trabajo «Explorando mi comunidad». Explícales que harán observaciones en casa, escuela y barrio para identificar soluciones de ingeniería.

Primero, den una vuelta por la escuela y hagan algunos modelos de observación de soluciones. Juntos, llenen la sección «escuela» de la hoja de trabajo. Luego, los niños deberán llevarse la hoja de trabajo a casa y llenar las secciones «casa» y «barrio». Los educadores deberán notificar a los padres de familia acerca de esta actividad antes de asignarla como tarea.

Una vez completadas las hojas de trabajo, los niños usarán la información recolectada para crear carteles que digan «¡Necesitamos a la ingeniería!». Los carteles deberán:
- Mostrar algunas soluciones de ingeniería de las que depende la comunidad.
- Incluir el título: ¡Necesitamos a la ingeniería!
- Incluir tres secciones por cada una de las comunidades exploradas: casa, escuela y barrio.
- Incluir de tres a cinco imágenes de soluciones que encontraron en cada comunidad.

Extensiones
Invita a los niños a escoger una solución escolar y preparar una presentación breve en la que describan por qué es importante para la comunidad de la escuela.

Para ver y descargar la hoja de trabajo, visita **www.crabtreebooks.com/resources/printables** o **www.crabtreeplus.com/fullsteamahead** (páginas en inglés) e ingresa el código **fsa20**.